# La nouvelle Épellation combinée avec l'ancienne,

ou

NOUVELLE MÉTHODE DE LECTURE,

Dédiée aux Écoles primaires et aux Salles d'Asile.

Par L. BONNET, Instituteur à Mazamet (Tarn). Prix franco, 1 fr. 20 c.

Avertissement.

La *lecture* étant, sans contredit, l'un des éléments de l'instruction primaire le plus difficile à saisir par les enfants de nos écoles, les auteurs de Méthodes de lecture doivent s'attacher, avant tout, à chercher les moyens les plus efficaces pour offrir aux enfants, le plus clairement possible, les divers principes qui se rencontrent dans ce labyrinthe. Si l'enfant comprend et retient bien dans son esprit la manière dont se forment les syllabes et les mots, je puis affirmer que, dans très-peu de temps, il sera parvenu à la lecture courante; si, au contraire, il ne peut saisir qu'imparfaitement cette combinaison, il lui sera dès-lors impossible de pouvoir lire dans les livres, et il sera toujours obligé à recommencer. En effet, ne voit-on pas tous les jours un grand nombre d'enfants mettre un temps précieux à apprendre à lire, au grand déplaisir des Maîtres, qui voudraient les voir parvenir à la lecture courante dans quatre ou cinq mois, tandis qu'à beaucoup d'entre eux, il faut une année et plus pour y parvenir. D'où vient cette difficulté? Elle provient, comme je viens de le dire, de ce que les enfants ne saisissent pas la manière dont se forment les syllabes et les mots; elle provient en général des méthodes de lecture. Dans beaucoup d'écoles, on suit des Méthodes qui ne sont pas à la portée de l'enfance: les unes, trop longues par la multiplicité de leurs tableaux, ne servent le plus souvent, qu'à embrouiller l'esprit des enfants; d'autres, au contraire, n'ayant que quatre ou cinq tableaux, et même quelquefois qu'un ou deux, ne peuvent présenter qu'imparfaitement toutes les difficultés qu'offre la lecture; d'autres enfin, quoique ayant un certain nombre de tableaux, ne présentent pas d'une manière régulière les divers chaînons qui se rencontrent, à partir des voyelles et des consonnes, jusqu'à la lecture courante, ne sachent pas lire aux livres et qu'on soit dès-lors obligé de recourir à d'autres moyens pour les amener enfin à la lecture courante. Aussi quel découragement pour les Maîtres et quel désespoir pour les enfants! De là ressort pour les Maîtres la nécessité de choisir une Méthode qui puisse convenir à l'enfance en lui présentant, dans un exposé clair et facile, les éléments nécessaires de la lecture.

Instruction théorique et pratique sur l'emploi de cette nouvelle Méthode.

La nouvelle *Méthode* que nous offrons aujourd'hui aux instituteurs comble une lacune évidente. Divisée en trois partie qui comprennent 12 tableaux seulement, elle renferme, dans un court exposé, toutes les difficultés que présente la lecture. Nous pensons que l'enfant sortira facilement de ces difficultés que nous nous sommes efforcé de lui aplanir.

(1re PARTIE, 4 TABLEAUX RENFERMANT LES VOYELLES ET LES CONSONNES SIMPLES.) — Le premier Tableau de notre Méthode, renferme les voyelles et les consonnes simples. Après que les Élèves connaîtront les voyelles parfaitement, on passera aux consonnes qu'on fera prononcer de la manière suivante: *be, ce, de, fe, gue*. On fera récapituler les voyelles et les consonnes dans l'alphabet qui se trouve au bas du tableau. Le deuxième tableau récapitule le premier: il présente dans une ligne horizontale, les voyelles et dans une ligne verticale les consonnes: Le Maître enseigne d'abord à lire les consonnes suivies d'une voyelle, et l'on dira: *b a, ba; b é, bé; b é, bé; c a, ca; d a, da*, etc., puis, à l'inverse, les voyelles suivies d'une consonne, et l'on dira: *a b, ab; é b, eb; i b, ib; a c, ac; a f, af; a l, al*, etc., et ainsi de suite. On trouvera en outre, au bas de chaque tableau, une observation qui indiquera la marche à suivre pour chacun d'eux.

Le troisième tableau n'est encore que la récapitulation du deuxième. Dans son premier exercice on fait d'abord lire les consonnes suivies d'une voyelle simple ; ensuite une voyelle suivie d'une consonne. Le deuxième exercice présente une voyelle placée entre deux consonnes, mais séparée de la première. Par ce moyen, l'élève pourra maintenant lire une syllabe composée, d'une *Consonne* et d'une *Voyelle*, et une syllabe, composée, d'une *Consonne*, d'une *Voyelle* et d'une autre *Consonne*. Le quatrième tableau présente des mots formés d'abord de deux syllabes, puis de trois, de quatre et de plusieurs syllabes, dont chacune est composée d'une consonne jointe à une voyelle ou d'une voyelle jointe à une consonne; et d'une consonne jointe à une voyelle et à une autre consonne. Si l'élève a bien retenu ce qui précède, il pourra maintenant lire les mots composés de voyelles et de consonnes simples.

Deuxième partie. Voyelles et Consonnes composées, 4 tableaux.

Nous faisons observer que nous avons placé les voyelles et les consonnes composées, qui s'écrivent différemment, mais qu'on prononce sur le même ton, entre des accolades, afin que les élèves puissent mieux observer la différence des lettres qui les composent pour leur orthographe. A la suite des voyelles composées, nous avons ajouté presque tous les sons divers qui ont des lettres nulles dans leur prononciation

Nous avons suivi, dans les voyelles et les consonnes composées, absolument la même marche que pour les voyelles et les consonnes simples. Dans les tableaux 6e et 8e, nous avons récapitulé les voyelles et les consonnes composées, et, à côté de chacune d'elles, nous avons placé une ligne de mots en rapport qui doit servir d'exercice. A la suite des exercices, nous avons récapitulé dans le tableau qui suit, toute notre Méthode par des phrases en rapport avec tout ce qui a été déjà étudié.

Si notre élève a bien retenu les enseignements des deux premières parties de notre Méthode, il pourra désormais lire un mot quelconque, car un mot ne peut être composé que de syllabes formées par les voyelles et les consonnes, simples ou composées.

La 3e partie comprend les exceptions diverses et la lecture courante; elle renferme 4 tableaux comme chacune des parties précédentes.

AVIS IMPORTANTS. — Ainsi qu'on l'a peut-être remarqué, notre Méthode est toujours récapitulative à chaque tableau. C'est là évidemment un grand avantage pour le Maître et pour les élèves; pour le Maître, en ce qu'elle lui évite l'inconvénient de revenir sur le tableau précédent; pour l'élève en ce qu'elle lui fournit l'occasion de revoir ce qu'il a déjà étudié.

Contrairement à l'avis de certains auteurs de Méthodes de Lecture, qui disent que les voyelles et les consonnes composées, ne doivent point être décomposées, nous conseillons aux Maîtres de faire décomposer d'après l'ancienne épellation, les voyelles et les consonnes composées qui présentent des difficultés dans leur orthographe. Cette décomposition peut se faire à la première lecture. Par ce moyen, l'élève gravera plus facilement dans son esprit, les noms de ces voyelles et de ces consonnes: bien plus, cette décomposition lui fera remarquer le nombre des éléments qui les composent, en sorte que, lorsqu'il sera parvenu à la lecture courante, il ne sera arrêté par aucune d'elles; j'ajoute même que cette décomposition lui facilitera beaucoup les progrès de l'orthographe qui est le point le plus essentiel et le plus difficile à apprendre. Cependant, dès que l'élève connaîtra suffisamment ces voyelles et ces consonnes, on ne devra plus faire décomposer. Voilà seulement la partie de notre Méthode qui devra être étudiée en partie d'après l'ancienne épellation; tout le reste devra être étudié d'après la nouvelle.

L. BONNET.

Mazamet, imprimerie G.-M. Nouguier.

Première Partie.

VOYELLES OU SONS SIMPLES.

Premier Tableau.

a e é è ê i o u y

A E É È Ê I O U Y

Exercice sur les voyelles.

u i o a e i y é o a

U I O A E I Y É O A

ô ê î ê û â ê ô û

Consonnes ou articulations simples.

b c d f g h j k l m n p q r

s t v x z

ALPHABET. — Voyelles et consonnes simples en majuscules et minuscules.

A B C D E F G H I J K L M N O P Q

a b c d e f g h i j k l m n o p q

R S T U V X Y Z

r s t u v x y z

Observation. — Le Maître fera nommer les Consonnes d'après la nouvelle appellation. Il fera prononcer: **be, ce, de, fe, ge,** etc, et non pas, **bé, cé, dé, effe, gé.** Il fera ensuite observer que le **s** se prononce **z** entre deux voyelles, le **c, s,** et le **g, j,** devant les voyelles **é, i, e.**

Mazamet, imprimerie G.-M. Nouguiès.

	a	e	é	è	i	o	u	y
b	ba ab	be eb	bé	bè	bi ib	bo ob	bu ub	by
c	ca ac	ce ec	cé	cè	ci ic	co oc	cu uc	cy
d	da ad	de ed	dé	dè	di id	do od	du ud	dy
f	fa af	fe ef	fé	fé	fi if	fo of	fu uf	
g	ga ag	ge eg	gé	gè	gi ig	go og	gu ug	gy yg
h	ha ah	he eh	hé	hé	hi	ho oh	hu	hy
j	ja	je	jé	jè	ji	jo	ju	j'y
k	ka	ke	ké	kè	ki	ko	ku	ky
l	la al	le el	lé	lè	li il	lo ol	lu ul	ly
m	ma am	me em	mé	mè	mi im	mo om	mu um	my
n	na an	ne en	né	nè	ni in	no on	nu un	ny
p	pa ap	pe ep	pé	pè'	pi ip	po op	pu up	py
q	qua	que	qué	què	qui	quo	qu	
r	ra ar	re er	ré	rè	ri ir	ro or	ru ur	ry yr
s	sa as	se es	sé	sè	si is	so os	su us	sy
t	ta at	te et	té	tè	ti it	to ot	tu ut	ty
v	va	ve	vé	vè	vi	vo	vu	
x	xa ax	xe ex	xé	xè	xi	xo ox	xu ux	
z	za	ze ez	zé	zè	zi	zo	zu	zy

Observation. --- Le Maître montre, sans les nommer, une Consonne et une voyelle, exemple: **b, a;** l'élève réunit ces deux noms et dit: **b, a, ba; b, o, bo; c a, ca;** etc., puis, tournant ces lettres à l'inverse, il dit: **a, b, ab; o, b, ob; u, b, ub; a, c, ac; i, f, if; a, l, al;** il n'y a d'exception que pour le **m** et le **n;** ainsi il prononcera: **e, m, am; i, m, im; e, n, an.** On prononcera encore la voyelle **e** comme un **é** devant une consonne; **é f, éf; é l, él; é r ér; é p, ép.** Il fera observer que l'**h** est toujours nulle; ainsi on dira: **h, a, a; h, é, é; h, i, i;** etc.

ba	ka	su	ab	al	as	bo	ki	sé	ob	ek	si	ur
de	lo	tu	ed	il	ut	di	lu	ti	id	al	ot	ic
cé	my	vi	ec	ym	ev	co	mo	vu	oc	em	ev	ci
fi	né	xo	if	en	ex	fa	ny	xa	ef	on	ex	ce
go	pu	zé	og	ap	ez	ge	pi	zi	ag	up	az	co
ha	qui	ro	ah	or	ar	hé	qua	la	oh	ar	al	ge
ja	ro	ta	ak	us	at	je	ri	ma	ap	aq	el	ga

Consonnes placées devant des syllabes formées par une Voyelle et une Consonne.

b al	n ir	b cr	m at	b il	n al	p ul	k is	f il	l an	r al	m il
c es	p on	c ir	n en	c ol	p or	d ir	h al	b as	z ir	p at	g ol
d or	qu a	c ul	p ir	c et	qu it	b an	b et	n af	g al	t ap	d ic
f ir	r el	d if	qu el	d ob	r ob	s el	n ar	x el	c er	b el	v ic
g ul	s ap	f on	r om	f ar	s at	m ir	b al	z il	j ac	c or	x or
h ab	t ul	g al	s el	g it	t ax	g on	p or	t ar	f or	h el	l ex
j or	v ar	g ir	p ir	h or	v is	d ob	s ir	f on	n il	f at	p is
h er	x al	j us	v er	j in	x al	b ap	l et	d et	c ap	l ul	s ys
l ob	z ol	k ir	x an	k ir	z el	d al	c ul	b on	n if	b ez	t ym
m ir	c or	l ut	z uq	m ef	g on	r in	b at	r il	d en	z al	v en

Syllabes formées par des Voyelles placées entre deux Consonnes.

bal	n'if	ber	mat	bil	nal	pul	kis	fil	lan	ral	mil
ces	pou	cir	nen	col	pol	gir	hal	bat	zir	pat	gal
dor	qua	cul	pir	cet	quit	can	bet	naf	gal	tap	dic
fir	rel	dif	quel	dob	rob	bel	nar	xel	cer	bel	bez
gul	sap	fon	ron	far	sat	mir	bal	zil	jac	cor	vic
hab	tul	gal	sel	git	tax	gom	pol	tar	for	roc	xir
jor	var	gir	pyr	hor	vis	dob	sir	fon	nil	hel	lex
ker	xal	jus	ver	jin	xal	bap	let	det	cap	fat	pis
lob	zol	kir	xan	kir	zel	dal	cul	bon	nif	taf	sys
mir	cor	lut	zur	mef	gon	rin	bat	ril	dan	lul	tyn

Observation. --- On fera lire le premier exercice sans séparer la consonne de la voyelle ou la voyelle de la consonne. Ainsi on lira, en faisant d'abord lire verticalement: **ba, de, cé, fi,** etc., puis, **ab, ed, ec, if,** etc. Dès que l'élève saura bien ce premier exercice on passera au deuxième qu'on fera lire en séparant la consonne de la syllabe qui la suit; cet exercice étant su, on passera au troisième qui est la répétition du deuxième et qu'on fera lire sans séparer la première consonne.

mè-re, pè-re, ro-be, ca-fé, cô-té, cu-re, ba-ve, di-né, fa-de, ga-re, li-me, mi-ne, no-te, ri-re, ci-té, sa-ge, à-ge, tu-be.	a-re, car-pe, u-ne, bar-que, ré-gal, por-te, for-me, cal-cul, cul-te, lan-ce, har-pe, for-ce, jar-din, bor-ne, bar-be, lo-cal.
bile, curé, dame, fume, gîte, holà, jite, lune, mode, nage, page, rame, sire, tube, vive, zéro, rime, pore, revu, béni.	artur, futur, larme, carpe, garde, bocal, mardi, régal, carde, canif, major, valse, arme, carte, partir, normal, finir.

Mots de trois syllabes à lire.

a-va-re, no-mi-nal, bo-bi-ne, ca-na-pé, dé-vo-ré, fa-cul-té, gi-ra-fe, ju-ju-be, li-mi-te, mi-nu-te, na-vi-re, pe-ti-te,	ar-se-nal, bor-du-re, cul-bu-te, dé-mo-lir, fa-cul-té, dé-gar-nir, her-mi-te, i-nac-tif, var-lo-pe, tu-mul-te, mar-mi-te.
régime, salade, tapage, volume, navire, remède, numéro, famine, parole, pureté, député, favori, nudité, remède,	victime, morsure, caporal, partage, sardine, surdité, tartine, dégarnir, parvenir, obtenir, partage, arsenic, faculté.

Mots de quatre syllabes à lire.

di vi ni té, ca ma ra de, dé fi gu ré, fi la tu re, mo ra li té, é co no mie, in fi dè le, py ra mi de, so li tu de, pa ra bole.	gar ni tu re, mor ta li té, ur ba ni té, er le qui ne, an ti-qui té, ar ba lè te, car mé li te, dé fi ni tif, mar me la de.
simultané, répètera, Polydore, limonade, patinera, revêtira, récoltera, redingote, télémaque, dégénère, humanité,	habitude, uniforme, arpentage, Victoria, acéride, habitera, Simonide, caractère, Caroline, articulé, conformité.

Phrases récapitulatives sur les exercices précédents.

La mère; une robe; du café; la lime; le diné, la note; une bobine; le volume; la farine sera fine; ma petite Emilie; la Divinité; un économe fidèle; la filature de coton; Zoé élèvera une pyramide à sa mère; la pureté de l'âme; la fidélité de l'ami; papa a bu de la limonade; Sara répètera la parabole; une barque petite; la forme de lune; la harpe de Caroline; le jardin borné; une garniture de lit; l'antiquité de Rome; la mortalité des bêtes; l'organiste a dégarni l'orgue; le caporal a été tué; une promenade; il va partir; tu diras la vérité à ta mère; garde ta parole; la misère l'a visité; une rue pavée; la parole de vérité sera lûe; la pelote de Caroline; évite la colère; ma mère a été malade; valère sera punie; jérôme a la mine taquine; la pureté de la vie sera le gage de	la félicité future. Une dame de qualité visitera la cabane de Lazare. Le luxe amollit l'âme. Ma mère a bu le café moka. Simonide récitera la similitude. Imite le modèle. Une sérénade a fini la fête de papa. Marie dévidera une pelote. Emile a ri à l'école, il a été puni. La paresse a rendu Jules malade. Le vice sera puni par la justice. La mortalité a sévi dans l'armée. La culture de la terre. Papa porte une cocarde. L'animal a dévoré Ovide. Médor a été mordu. Le parjure est un vice. La récolte a fini. Mardi Jules a récité la similitude de Lazare. Le jardin a été cultivé par Zoé. Une rupture de la digue. Une harpe d'or. Le caporal a dormi sur le pavé. Ma récolte a mûri. Porte le canif à ma mère. Le code pénal punira l'injustice. L'élève a été mordu par la vipère.

Observation. — Dans ce tableau, on fera lire les deux premières lignes de chaque exercice par syllabes sans les faire épeler; ainsi on dira: **mè-re, a-re,** etc; on fera lire les mots des deux lignes suivantes sans faire séparer les syllabes, puis, on passera aux phrases récapitulatives qu'on fera lire comme les exercices précédents.

an, en, am, em; **AN** | on, om; **ON** | un, eun, um; **UN**

in, ain, ein, yn, aim, im, ym; **IN** | ou, our;

ai, ei, ay, ey, **É É-I** | au, eau, **O** | eu, œu, **E** | oi, oy, oir; **OU-A**

ais, aies, aient, aix, est	eux, eut, eues	aut, aux, eaux	ans, ens, ant	ois, oient	ous, oues, ouent
É	E	O	AN	OU-A	OU

Exercice sur les voyelles nazales et les voyelles composées.

b an	j eun	v ain	h an	v oy	m eu	b om	v oir	p ay	d in	t ym	l an	h eu
d en	m in	x an	j our	v eur	d eur	p ain	s ou	s ei	f ain	b un	b on	r eur
f am	n on	z ou	k an	v ey	v œu	m ain	b œu	n ai	t ain	j eun	d am	t aic
g om	p ein	b ain	l ay	r ei	s ei	r in	n eur	r ey	r ein	f um	f ou	m ais
h on	qu in	d ai	p au	m ai	r un	l ou	l oi	f ai	t ym	d un	m eu	p aix
j eun	r ein	f em	v eau	p oir	g an	f en	s om	d eau	s im	s om	s in	f aut
k un	t ym	g oi	t oi	t our	t on	d oi	v ai	p au	p ain	t on	r un	d ans

bon	nan	bou	main	bai	man	mais	dans	loue	fem	tom	rey	dan
dans	pein	dou	nin	dei	veau	taies	pan	vous	dan	ron	la	len
fen	qu'un	fun	pein	fon	roi	fait	vaut	louent	lou	lain	pei	geur
gon	rein	rum	raim	dan	voy	paix	sens	neur	neu	neur	beur	sem
hom	sain	gin	sim	faut	pau	c'est	dois	pour	pou	fin	dan	sour
jeun	tein	han	tym	gau	soir	deux	voient	four	fou	ron	fen	pain
kin	voy	jeun	vour	hon	feu	nant	sois	lou	lou	sau	jour	vaut
lun	xan	lin	xou	jai	vœu	peut	tant	din	san	pay	min	veaux
mon	zou	faim	zan	laim	neur	leur	lois	sin	fein	voy	fan	paix

Observations. Il ne faut qu'être instituteur pour avoir remarqué que les enfants éprouvent la plus grande difficulté à retenir les voyelles composées. Pour les graver plus profondément dans leur mémoire, il me semble, qu'il serait utile de faire décomposer à la première lecture, les voyelles composées ainsi que les voyelles nazales, et dire par exemple: **a, n, an; e n, an; e, m, am; a, i, n, in; y, m, in; a, i, é; a, y, é; a, u o; e, a, u, o; etc.**

Après avoir ainsi exercé les élèves à retenir les noms de ces voyelles, on ferait lire sans épeler. Dans le premier exercice, on fera lire de la manière suivante; **b an, ban; j eur, jeur; v ain, vain;** dans le dernier exercice, on fera lire sans aucune décomposition.

Deuxième Partie. | **VOYELLES SUCCESSIVES OU DIPHTONGUES** | **Sixième Tableau.**

ia, ian, iè, io, iu, ieu, ion, oui, oin, oua, ouan, oué, ué, ui,

Exercice.

b ia	d ieu	l oué	z ié	dieu	jui	liu	bui	a dieu	poin te	vo liè re	a louet te
d ian	j oin	t ué	v ia	mieu	fian	vieu	poin	vian de	re liu re	lu mière	fio le
f ié	p oin	n ui	b ion	poin	nié	sio	vian	biè re	louange	tu é	boi re
p io	s ion	l oui	t ion	vian	loui	tion	nia	pi tié	diè te	lou é	nui re
l iu	l ouan	t ieu	d ié	dio	tui	loin	loua	juif	vio ler	rui ne	lui re.

Voyelles nazales et composées.	Voyelles successives ou diphtongues.	MOTS A LIRE SUR LES VOYELLES COMPOSÉES ET LES DIPHTONGUES.	PHRASES A LIRE.
an	ian	an née, ma man, dan ger, en fan ce. --- vian de,	Un pantalon neuf. La viande cuite.
am	ia	jam bon, lam pe, tam bour, am pou le. --- ma ria ge,	Ma lampe est éteinte. Un piano neuf.
en	iè	en fan ce, pa rent, --- en tier, niè ce, diè te,	L'enfant doit obéir à ses parents. Ma nièce.
em	io	em pi re, temps, em pe reur; --- pé rio de, --- fio le,	Le temps de la période s'écoule.
on	iu	on ze, bon té, ca non, sa lon; --- re liu re, liu re,	La reliure de ce volume est bonne.
om	ieu	com po te, co lom be, nom; --- a dieu, pieu,	J'aime la compote de poires. Adieu ma mère.
un	ion	a lun; dé funt, un lion, ses sion, u nion,	Mon père défunt aimait l'union.
eun	oui	je suis à jeun de puis ce ma tin; j'ai oui, tu as oui,	Êtes-vous à jeun depuis ce matin? Oui.
um	oin	par fum, hum ble; --- poin te, re coin,	J'aime le parfum de la rose. Le coin du feu.
in	oua	in ten ter, en fin, lin, --- u ne oua te neu ve,	La toile de lin et l'ouate servent pour les habits.
im	ouan	lim be, im po li, im bé ci le ; --- louan ge,	La louange des imbéciles n'est point crue.
ain	oué	pain, sain, main, vain; --- a louet te, al loué,	Un pain entier. On a loué cette maison.
aim	ué	faim, daim, vi lain; --- nuée, tué, sa lué,	La faim a tué cet animal.
ein	ui	reins, sein, fein te, pein tu re; --- lui re, nui re,	Le sein de la mère. L'huile de lin.
yn		syn ta xe, syn dic, syn co pe, syn co pal, syn car pe,	La syntaxe du verbe. Le syndic
ym		sym pa thie, sym pho nie, cym ba le,	Une cymbale a retenti. La symétrie.
ai		pai re, fai re, ai me, tai re, faî te, lai ne,	J'aime les bas de laine en hiver.
ei		pei ne, vei ne, sei ze, ba lei ne, rei ne,	La veine de la tempe. La Seine passe à Paris.
ay		ayant, payant, appuyant, rayant, payer,	Il faut payer cet homme. Rayez cette faute.
ey		cet en fant gras seye, il ne fait que gras seyer,	Celui qui grasseye prononce mal les consonnes.
au		fau te, bau me, tau pe, gau da ge, Gau lois,	Avouez vos fautes à Dieu; aimez-le.
eau		veau, eaux, far deau, cor beau, ca deau,	Le renard fut plus rusé que le corbeau.
oi		foi, loi, moi, toi, soi, boi re, noi re, foi re,	Aimons la loi de Dieu et fuyons le mal.
oy		voyant, cô toyant, voyez, soyons, noyer,	Soyez obéissants à vos pères et à vos mères.
oir		noir, voir, soir, loir, sa voir, pou voir,	Les noirs ont la peau noire.
eu		feu, ne veu, jeu, jeu di, seu le, meu le,	Jésus fit la Pâque le jeudi saint avec ses disciples.
œu		vœu, cœur, sœur, œuf, bœuf, œuvé;	Le cœur de l'homme est rusé.
eur		men teur, in fé ri eur, peur, su pé ri eur,	Obéissez à vos supérieurs. Les inférieurs.

Observation: --- Dans ce tableau, on fera d'abord apprendre les voyelles successives ou diphtongues; après que les élèves les connaîtront suffisamment, on fera étudier l'exercice en rapport, en faisant d'abord apprendre les 4 premières lignes, puis les 4 secondes et enfin les 4 dernières. Après que les élèves sauront cet exercice, on leur fera faire une récapitulation dans les deux lignes verticales où se trovent classées, dans un ordre régulier, les Voyelles composées, les Voyelles nazales et les Voyelles diphtongues; après cet exercice, on leur fera lire les mots qui se trouvent dans la ligne horizontale, en regard de chacune d'elles; ensuite on leur fera lire les phrases qui sont à côté.

Mazamet, imprimerie G.-M. Nouguiès.

ch, sch, ph, phl, phr, sph, ill, ail, aille, scè,
(ch) (ch) (fe) (fl) (fr) (sf)

eil, eille, bl, cl, chl, fl, gl, pl, br, dr, cr, chr, dr,
[cl] (cr)

fr, gr, gu, qu, pr, ps, pn, pt, mn, vr, tr, thr, sb,
(tr)

sbl, sc, scr, schl, sgr, sl, sm, sp, st, scl, sv, squ, str, gn.
(scl)

ch, sch;	ph, phl, fl, phr, sph;	ill, ail, aille;	ell, eille;	cl, chl;	tr, thre,	cr, chre,	scl, schl,	gn, gu, qu, scè, fl, fr, gl, pl, bl,
ch	f fl fl fr sf			cl	tr	cr	scl	

dr, cr, fr, gr, pr, ps, pn, pt, mn, vr, tr, sb, sc, scr, sgr, sl, sm, st, str, scl, sv, squ, sb.

Exercice sur les consonnes triples et composées suivies d'une voyelle quelconque.

ch eu	p aille	chr o	gl oi	pu é	sl a	ch an	st a	bl au	pr in	chr i	fl an
sch a	r ail	scl a	pl ai	pt o	sm i	bl ein	chr o	chr o	p aille	bl ein	dr am
gu ou	tr eil	schl a	bl eu	scr i	st a	cl an	dr ai	dr am	b ail	pr on	dr om
ph ou	f eille	gu eur	dr on	vr oir	str an	dr on	pr au	gr am	tr eil	fl an	fr em
phl è	cl in	qu'un	cr on	tr om	scl a	pr un	scè ne	gr ain	fl eu	bl un	br in
fl eu	chl o	sc an	fr ein	sb i	sv el	bl ein	st an	pr en	dr ain	gn a	mn é
phr i	tr an	scè ne	gr ain	sc an	squ e	gr un	sc an	ch an	tr eille	ch in	pt é
sph é	thr om	fl eur	pr en	scr a	sb i	fl eu	scl a	ch en	gr il	scr i	dr am
ill an	cr in	fr ui	ps au	sgr a	sbl e	mn é	br ein	ph y	gr am	st a	cl on

cheu	paille	chro	gloi	pné	sla	chan	sta	illon	prin	chri	fleu
scha	rail	scla	plai	pto	smi	blein	chro	paille	faille	bleu	dram
gnon	treil	schla	bleu	mné	sta	clein	drai	brai	gran	prun	dro
phon	feuille	gneur	dron	scri	stran	dron	stan	phy	gri	flan	cham
phlé	clin	qu'un	crain	tran	scla	prin	scan	trin	chu	blan	bri
fleu	chlo	scan	frein	sbi	svel	flan	scla	svel	flui	chien	mné
phri	tran	scène	grain	scan	sque	grain	trin	sgra	drui	blun	plein
sphé	throm	fleur	pren	scra	sbi	grun	pran	feuille	brai	frein	flui
illan	cran	frein	pran	sgra	sble	fleu	dran	dreil	crai	scri	scri
illon	flan	frui	psal	vroir	drom	choi	cran	treille	bleur	sta	sta

Observation. — On a remarqué, qu'en général, les élèves éprouvent plus de difficulté à retenir les consonnes triples ou composées que les consonnes simples; cela provient de ce qu'elles sont formées de plusieurs éléments, tandis que les consonnes simples n'en ont qu'un. Pour que les élèves puissent donc retenir les noms de ces consonnes, il est bon, ce me semble, de les leur faire décomposer à la première lecture; après s'être assuré qu'ils les connaissent parfaitement, on ne fera plus décomposer, et on passera aux exercices suivants.

Consonnes triples et composées.	MOTS A LIRE.	Consonnes triples et composées.	MOTS A LIRE.
ch	chacun, chaine, chapitre, chevelure,	bl	trembler, trouble, publia, redouble;
sch	schako, chapeau du militaire; schilling, monnaie,	gl	gloire, glacer, gland, glue, glaive, glisser;
ph	pharisien, phrase, physique, philippe,	br	broche, bride, branche, brûler, briser;
fl	fleuve, fleur, flotte, flatter, fleuriste.	pl	plusieurs, plume, plutôt, plus tôt, plus tard;
phl	phlasme, phlébotome, phlegme, phlegmon,	pr	prendre, proche, approchons, prudence, prune;
phr	phrase, camphre, phrénique, phrasier,	vr	vrai, vraie, livraison, livre, cuivre;
sph	sphère, sphacélé, sphéroïde, sphérique,	dr	droit, droiture, drainage, drôle, droite;
ill	famille, chenille, taille, travailler,	tr	tribune, tranche, triple, tranquille;
ail	portail, travail, rail, émail, corail,	fr	frère, frêne, friche, frisson, frire;
aille	paille, canaille, vaille, taille,	pn	pneumatique; pneumonie, pnix;
eil	recueil, orteil, réveil, soleil, vermeil,	ps	psaume, psalmodier, psalmiste;
eille	réveille, treille, abeille, corneille,	pt	Ptolémée, ptyalisme, ptène, ptilose;
cl	clémentine, clameur, cloison cloîtré,	mn	Mnémon, Mnémonique, Mnémotechnie ;
chl	chlore, chlorure, chlorose, chlamyde,	sb	sbire, (ce mot désigne une archer d'Italie.)
tr	tribune, tribunal, tranche, traîner,	sl	sloop, (ce mot désigne un petit navire à un mât.)
thr	thram, thrombus,	sm	smille, (désigne un marteau pour piquer les grès.)
cr	crainte, croire, cribler, criant, croisée,	st	stature, statut, statue, statuer, stable;
chr	chronologie, chrome, chronique, chromate,	sp	spirale, spatule, spire, spinal, spic;
scl	sclérotique, sclériasis, sclérosarcome,	sv	svelte, ce mot désigne quelque chose de délié.
schl	la schlague, est la punition des militaires.	sc	scandale, scandaliser, scruter, scribe;
sgr	le sgraffite est un dessin tracé avec une pointe,	qu	quel, quelque, quelconque, qu'elle, qu'ils;
scr	scribe, scripteur, scrofuleux, scrupule,	gu	guerre, guerriers, guet, guêtre, langue;
str	stratagéne, stratégie, stras, strasse, stratège,	gn	seigneur, seigneurie, enseigner, saigner;
squ	squelette, squinancie, squine, square.	ch	charité, cherté, chérubins, chérissez;
scè	scène, scélérat, scellé, sceau, scénite.		

Phrases à lire.

La charité du riche. Les phénomènes de la nature. L'arbre portera son fruit. Une truite. La rivière coule. L'arche de Noé. Une bride. Un peuple saint. La gloire de la patrie. Les fleurs du printemps. La guerre d'Orient. Une langue menteuse. La feuille du laurier. Le tribunal célèbre. Une phrase lue. Le travail fait. Les pharisiens et les scribes. Mon frère me remplace. Une graine de chanvre. Des ouvriers qui travaillent. Ces femmes sont sages. Ces arbres ont grossi. Une terre altérée d'eau. La droiture du cœur. Des fruits mûrs. La famille du prince. Une ombre qui passe. La crainte du Seigneur. Un roi pieux. La fidèle messagère. Les chérubins sont autour du trône de Dieu. La charitable reine.

Observation. — Faites lire, en premier lieu, les consonnes triples ou composées des deux lignes verticales; si les enfants savent lire ces deux lignes sans hésiter, on leur fait lire immédiatement les mots qui se trouvent dans chaque ligne horizontale. Faites faire ensuite une récapitulation après quoi passez aux phrases qui suivent.

Dieu créa au commencement les Cieux et la terre. L'homme et la femme furent créés au sixième jour. La Géographie est la description de la terre. La terre est ronde comme un globe. La campagne est riante au printemps. Un ami fidèle est une puissante protection; celui qui l'a trouvé a trouvé un trésor. Dieu nous a donné la vie, la santé et tous les biens que nous possédons; nous devons l'aimer, lui être fidèle, et le remercier chaque jour de tous les bienfaits qu'il nous accorde. Nous devons faire aux autres ce que nous voudrions qu'ils nous fissent à nous-mêmes. Le bien mal acquis ne profite jamais. Une bonne action a toujours sa récompense. Les justes hériteront le royaume des Cieux. La poule rassemble ses poussins sous ses ailes. L'enfant doit honorer son père et sa mère. Le tribunal a puni le coupable. Pharaon fut noyé dans la mer avec son armée. Le cuivre et l'acier sont des métaux. Les moutons et les brebis. Un lièvre a été poursuivi par les chiens ce matin. Un lapin creuse la terre. Le cygne a le plumage fort remarquable. Jésus-Christ est le berger des brebis. L'aumône et la charité. La puissance de Dieu éclate dans ses plus faibles ouvrages. Le choléra a ravagé plusieurs villages. Le chêne dit un jour au roseau : Vous avez bien sujet d'accuser la nature, un roitelet pour vous est un pesant fardeau. Celui qui travaille ne mourra jamais de faim. La Bible est le meilleur des livres.

J'ai eu des peines et des plaisirs. Un livre de Psaumes et de Cantiques. Le meilleur lait est donné par les vaches et les chèvres. Le jour du Sabbat doit être observé. Dieu jugera les actions les plus secrètes. Jugeons nous nous-mêmes si nous ne voulons point être jugés. La boussole tourne toujours vers le Nord. Les écrivains sacrés ont écrit les livres inspirés de Dieu. Nul ne peut servir deux maîtres. La bonne réputation vaut mieux que de l'or. L'homme propose et Dieu dispose. Aide-toi, le Ciel t'aidera. Fais le bien et tu en seras loué. Le travail est un trésor. La crainte de Dieu est le commencement de la sagesse. Le temps perdu ne se retrouve pas. Les bonnes œuvres seront récompensées. Un menteur. Les eaux. Le sein de la mère.

Nouvelle Méthode de Lecture, par Louis Bonnet.　　Mazanet, imprimerie G.-M. Nouguiès,

bb, cc, dd, ff, gg, ll, mm, nn, pp, rr, ss, tt,
be,   que,   de,   fe,   gue,   le,   me,   ne,   pe,   re,   se,   te,

w, d'h, j'h, l'h, m'h, n'h, s'h.
ve.   de,   je,   le,   me,   ne,   se,

Exercice sur les consonnes doubles.

abbé, abbaye, accord, accoler, addition, adducteur, affable, affaisser, aggraver, agglomérer; allégresse, alliance, ammon, ammoniac, annonce, honneur, appel, appliquer, attentif, atténuer, terreur, horrible, messe, paresse, d'honneur. d'humeur, je l'honore, il l'humilie, il m'humilie, n'honore, s'honore, l'humilité, le wagon.

Exceptions et difficultés diverses sur les voyelles et les consonnes.

ti, prononcé comme si; y, valant deux i et un i; s, prononcé comme z; g, comme j; c, comme une s, ch, comme k; e, comme a; um, comme om; x, comme z; gn, comme g, n; x, comme s; en, comme in; u, comme ou; er, comme é; ez, comme é; es, et, comme é; e, comme é; acs, aps, ats, comme a; incts, ingt, ing, comme in, etc. etc. devant les mots suivants :

Application.

ti, comme si.	y valant deux i.	y, valant un i.	s comme un z.	g comme un j.	c comme un s.	ch, comme k.
action,	moyen,	tyran.	rose,	régime,	cirage,	choléra,
préparation,	doyen,	cygne,	chose,	vengé,	noces,	chœur,
invention,	loyal,	style,	rusé,	genou,	ceci,	écho,
diminution.	rayer.	système.	maison.	songe.	racine.	chronique.

Suite.

e, comme a.	um comme om	x, comme z.	gn, comme g-n.	x, comme s.	en, comme in.	u, comme ou.	er, comme é.
femme,	opium,	soixantaine,	igné,	deuxième,	Lucien,	équateur,	enlever.
ardemment,	album,	soixante,	ignicole	sixième,	biens,	quatuor,	chanter,
hennir,	décorum,	soixanter,	agnat,	dixième,	Julien,	quadrupède,	courrier,
benjoin,	factum,	soixantième,	ignition,	sixain,	lien,	aquatique,	planter,
solennité.	forum.	Auxerre.	regnicole.	sixièmement.	chrétien.	équation.	aimer.

Suite, avec la Cédille et le Tréma.

ez, comme é	es, comme e.	et, comme è.	e, comme è.	acs, aps, ats, comme a	incts, ingt inq, comme in.	La Cédille.	Le Tréma.
recevez,	mes peines,	alphabet,	belle,	des lacs,	les instincts,	plaça,	Moïse.
suppliez,	tes robes,	paquet,	pelle,	des draps,	le nombre vingt,	lança.	Saül,
appliquez,	des perles,	bouquet,	cette,	des rats,	quatre vingts,	reçûmes,	Héloïse,
pardonnez,	des lettres,	livret,	lettre,	des combats,	vint-cinq,	façade,	je haïrai,
mettez.	des mètres.	hoquet,	caresse.	des sacs.	il a cinq mètres,	mança.	haïssable.

Observation. --- *Ti*, se prononce toujours *si* dans tous les mots terminées en *tion*. L'*ygrec*, vaut toujours deux *i* dans le corps des mots après une voyelle; il n'en vaut qu'un, au commencement ou à la fin des mots, ou dans le corps des mots après une consonne.

Le plumage du cygne est remarquable par sa blancheur. Une dame de qualité a visité l'orphelin délaissé. En obligeant nos frères, nous nous attirons la faveur de Dieu. Les chrétiens sont les vrais disciples de Jésus-Christ; le printemps ramène les beaux jours. Adam et Eve furent créés au sixième jour, et Dieu les plaça dans le paradis terrestre; ils eurent trois enfants: Caïn, Abel et Sept. La culture des champs et des jardins est l'occupation habituelle du cultivateur. Celui qui a trouvé un vrai ami a trouvé un trésor. Moïse a conduit le peuple d'Israël au désert près de la montagne du Sinaï: la façade du château est bien jolie. La crainte des supplices n'intimidait point les premiers chrétiens. Le dimanche est le jour du repos. Les Juifs appellent le jour du repos le Sabbat. L'addition est la première opération de l'arithmétique. Un limaçon vit dans sa coquille; il porte partout avec lui sa maison. Dieu nous promet de grandes récompenses si nous pratiquons la charité, et si nous nous éloignons des méchants en fréquentant les gens de bien. Les chenilles rongent les feuilles et les fleurs des arbres. Les merveilles des cieux et de la terre doivent élever notre âme vers Dieu. La croyance en Dieu naît du simple spectacle de la nature. Les Arabes sont Mahométants. Il faut se mettre au régime hygiénique quand on est malade. La Suède est un royaume de l'Europe. Ne donnez aucun sujet de scandale à personne. Le Rhône est un des plus grands fleuves de France. Un paon est un oiseau qui a un beau plumage. Les enfants studieux seront récompensés et les paresseux seront punis. Vous ne mentirez point, vous ne jurerez point en vain. Cette vie ne doit durer qu'un moment, tandis que la vie future durera éternellement. Nous devons parer notre âme d'une huile sainte pour attendre l'Époux qui doit venir à l'heure que nous ne penserons pas. J'ai acheté des bestiaux. L'eau rafraîchit; le nourrisson se couche sur le sein de sa mère. Travaille et tu seras heureux. Le moineau est un petit oiseau. Jules s'est embarqué sur l'Océan. Les livres des chroniques sont dans la Bible. Prenez garde que votre langue ne devienne pour vous un piège et un sujet de confusion. La civilisation a fait des progrès depuis quelque temps. Un tuyau s'est ouvert. Nous avons en français six voyelles et dix-neuf consonnes. On a distribué des récompenses à chacun de ces élèves. Celui qui craint l'Éternel est heureux.

Mes enfants, tout ce qui est dans le Ciel et sur la terre nous prouve qu'il y a un Dieu. L'harmonie admirable qui se fait remarquer dans toutes les parties de l'univers est, en effet, la preuve la plus éclatante de la Divinité. Dieu se voit dans ses œuvres: le Ciel nous parle de sa puissance, l'Océan de sa grandeur, toute la nature proclame sa sagesse et sa bonté! Son nom est écrit sur l'aile d'un moucheron sur une mousse; mais de toutes les créations qu'il a faites, l'homme est son plus parfait ouvrage. Ce Dieu, qui est infiniment grand, qui fait tout ce qu'il veut, nous aime et nous comble chaque jour de ses bienfaits; nous devons, en retour, l'aimer, lui obéir et le remercier des biens qu'il nous accorde. — Non-seulement, chers enfants, nous devons aimer ce Dieu qui nous aime plus que nous ne saurions le penser, mais nous devons encore aimer tous les hommes qu'il a créés à son image et à sa ressemblance; c'est ce qu'il nous recommande lui-même dans l'un de ses plus grands commandements qui est celui-ci: «Aime Dieu de tout ton cœur, et ton prochain comme toi-même.»

Devoirs des enfants envers leurs Parents.

Ecoutez, enfants, les avis de votre père et de votre mère, et suivez-les toujours précieusement. Celui qui honore ses parents trouvera lui-même de la consolation dans ses enfants. Honorez votre père et votre mère de tout votre cœur. Souvenez-vous que, sans eux, vous ne seriez point au monde, et faites tout pour eux comme ils ont tout fait pour vous. Soulagez-les dans leur vieillesse; ne contribuez jamais à les attrister; que votre vue les ranime et les réjouisse. Que votre présence ramène le sourire sur leurs lèvres et fasse naître le contentement dans leur cœur. Les bénédictions que reçoit d'un père et d'une mère un fils reconnaissant, sont toujours sanctionnées de Dieu. Enfin, Dieu prend le plus grand plaisir à ce que les enfants honorent leurs pères et leurs mères, vu qu'il le leur recommande dans un commandement; bien plus, il fait une grande promesse à ceux qui les honoreront, à savoir, celle de leur accorder le bonheur avec une longue vie.

Proverbes, Sentences et Maximes.

Un bienfait n'est jamais perdu.
Le bien mal acquis ne profite jamais.
Aimez Dieu de tout votre cœur.
L'homme propose et Dieu dispose.
Aide-toi, le Ciel t'aidera.
Le temps perdu ne se retrouve pas.
Aime les autres comme toi-même.
Fais aux autres ce que tu veux qu'on te fasse.
Fais le bien et tu en seras loué.
Le travail est un trésor.
En forgeant on devient forgeron.
La bonne réputation vaut mieux que les richesses.
Souviens toi de ton créateur.
Connais-toi toi-même.

Tout ce que tu as vient de Dieu.
Qui donne mal, ne donne rien.
Il vaut mieux tard que jamais.
Ce que Dieu garde est bien gardé.
Les bons comptes font les bons amis.
Dieu est partout.
Sois indulgent envers les autres.
Sème si tu veux moissonner.
N'abandonne point le malheureux.
Pardonne tout à tous, et rien à toi.
Qui fera bien, trouvera bien.
Il faut que tout le monde vive.
L'enfant sage est la joie de son père.
Crains l'Eternel, et détourne-toi du mal.